Sophie Crépon . Agr

La véritable histoire de
Sandro, apprenti de Léonard de Vinci

bayard jeunesse

La véritable histoire de Sandro a été écrite par Sophie Crépon
et illustrée par Agnès Maupré.
Direction d'ouvrage : Pascale Bouchié.
Texte des pages documentaires : Sophie Crépon.
Illustrations : carte 1er rabat de couverture et pages 9, 15, 23, 41 : Nancy Peña ;
pages 16-17, 26-27, 44-45 : Julien Maffre.
Photos : pages 35, 45 : DR.

La collection « Les Romans-Doc Histoire »
a été conçue en partenariat avec le magazine *Images Doc*.
Ce mensuel est édité par Bayard Jeunesse.

18, rue Barbès, 92120 Montrouge
ISBN : 979-1036-3043-23
Dépôt légal : avril 2019
Troisième tirage : mars 2020

Loi n°49-956 du 16 juillet 1949 sur les publications destinées à la jeunesse.
Imprimé en France par Pollina s.a., 85400 Luçon - 93111c.

CHAPITRE 1

DANS L'ATELIER DU MAÎTRE

– Il y a quelqu'un ?

Léonard de Vinci lève les yeux du panneau de bois sur lequel il peint. Un garçon de noble allure se tient à la porte de son atelier, l'air hésitant. Il serre contre lui un carnet à croquis.

– Entre, cher Sandro, sourit le peintre en tendant la main. Francesco m'a prévenu de ta visite.

Francesco, l'un des compagnons de Léonard, connaît Sandro depuis toujours. Ils ont grandi ensemble à Florence avant que leurs familles respectives s'installent à Milan.

Il y a quelques jours, Francesco a déboulé chez son ami.

– Mon maître a besoin d'un nouvel apprenti. Va le voir ! Je suis sûr qu'il t'engagera ! lui a-t-il confié.

Sandro suit Léonard dans la pièce où travaillent les compagnons. Il cherche Francesco des yeux.

– Je suis là !

Les deux amis tombent dans les bras l'un de l'autre en riant. Francesco fait un large geste de la main.

– Voilà l'endroit où je passe mes journées !

En ce début de matinée, l'atelier fourmille d'activité. Les commandes affluent depuis que Léonard travaille pour Ludovic Sforza, le duc de Milan. Sandro admire les dessins et les tableaux accrochés aux murs : une Vierge et l'Enfant Jésus, joufflu comme une fille ; un paysage de montagne plus vrai que nature… Il tombe en arrêt devant un cheval en argile de plus de sept mètres.

– Cette statue équestre m'a été commandée par le duc de Milan, dit Léonard. Si on me livre le bronze promis, je pourrai bientôt la réaliser !

À côté, des plans de machines très bizarres s'empilent sur une table.

– Qu'est-ce que c'est ? demande Sandro en pointant le doigt.

– Une machine pour voler comme un oiseau !

Sandro sourit. Francesco ne lui a pas menti : Vinci est un génie ! Il s'intéresse à tout : la mécanique, la physique, les mathématiques… Le jeune garçon rêve de devenir comme lui un artiste et un ingénieur reconnu.

Le maître des lieux s'arrête à la hauteur d'une table située sous une fenêtre. Il pousse les pots remplis de pigments colorés.

– Assieds-toi. Il n'y a pas mieux que la lumière du jour pour examiner tes dessins.

Le cœur de Sandro bat aussi fort qu'un tambour. Dans son dos, il sent peser sur lui le regard des compagnons. Et si le maître le trouvait médiocre ? Le jeune garçon ouvre en tremblant son carnet. Il se prépare depuis des jours à cette

rencontre. Des heures durant, il a observé les plantes, les fleurs, les animaux. Il a parcouru les rues de la ville pour reproduire les bâtiments, les églises et les ponts. Il a même demandé à sa meilleure amie Julia de poser pour lui !

Le maître tourne les pages en silence. « Que pense-t-il de mon travail ? », s'inquiète Sandro. Derrière lui, il entend des rires. Soudain, une voix ironique s'élève :

– Quel talent !

– Cesse de te moquer, Giacomo, gronde Léonard, les yeux sur les dessins.

Sandro se retourne, rouge comme une tomate. L'impertinent qui l'a raillé est un apprenti d'une quinzaine d'années. Sa figure d'ange aux longs cheveux blonds et bouclés affiche un air méprisant.

Le maître reprend la parole :

– Bien qu'il te reste beaucoup à apprendre, je t'engage. À une condition…

Francesco ne cache pas sa joie. Il sautille comme un cabri pendant que Léonard explique :

– Le duc de Milan m'a chargé d'organiser une fête qui aura lieu dans un mois. J'ai besoin d'aide pour terminer

suite page 10

AU TEMPS DE LÉONARD

Léonard de Vinci a vécu au XVe siècle, à une époque de grands changements intellectuels, culturels et artistiques appelée la Renaissance.

La découverte du vaste monde

Grâce à la caravelle, un navire très performant, les Européens commencent à explorer le monde. Christophe Colomb découvre l'Amérique en 1492, Vasco de Gama atteint les Indes par la mer en 1498. Ces découvertes font prendre conscience aux hommes que le monde est plus vaste qu'ils le pensent. Dès lors, ils cherchent à mieux le comprendre.

De nouvelles connaissances

Les recherches scientifiques se multiplient. L'astronome Copernic prouve que la Terre tourne autour du Soleil. Galilée met au point une puissante lunette astronomique, qui permet de mieux observer les astres. Léonard de Vinci invente ou perfectionne de nombreuses machines. En 1453, Gutenberg modernise l'imprimerie, qui permet de diffuser ces nouvelles connaissances à un plus large public.

Une nouvelle manière de peindre

Au Moyen Âge, les artistes ne peignaient que des œuvres religieuses. Leurs personnages étaient tout plats, avec des expressions pas du tout réalistes. À la Renaissance, tout change ! Les artistes s'intéressent à la mythologie grecque et romaine, à la nature et à l'homme lui-même. Ils travaillent d'après des modèles vivants : les portraits, insérés dans des paysages, deviennent plus ressemblants.

L'invention de la peinture à l'huile

Au Moyen Âge, on mélangeait les poudres de couleur avec du blanc d'œuf pour en faire une pâte. Mais cette préparation séchait très vite ! Il fallait peindre rapidement sans se tromper, car aucune correction n'était possible. La peinture à l'huile va tout changer. Elle sèche moins vite et laisse le temps à l'artiste de travailler avec plus de précision.

les décors. Puis-je compter sur toi ?

Sandro ne réfléchit pas longtemps.

– Je travaillerai jour et nuit !

– Bien, sourit Léonard.

Le maître se tourne vers les apprentis.

– Giacomo, va chercher des rafraîchissements. Nous allons fêter l'arrivée de Sandro.

Furieux, le garçon obéit, sous les gloussements de ses camarades.

– Sandro « Je-me-prends-pour-le-meilleur », tu ne perds rien pour attendre ! marmonne-t-il entre ses dents.

CHAPiTRE 2

LA CHAMBRE SECRÈTE

Le lendemain, Sandro s'installe à l'atelier, place Corte Vecchia. Désormais, comme tous les apprentis, il loge chez Léonard de Vinci. Le maître ne le ménage pas. Toute la journée, il ordonne : « Nettoie les pinceaux ! » « Prépare les couleurs ! » « Balaye l'atelier ! » Quand il a fini ses corvées, le maître lui donne des ornements à peindre. Le jeune garçon s'efforce de maîtriser cette technique qu'on appelle le *sfumato*. Mais un jour, de rage, il jette ses pinceaux à terre.

– Je n'y arrive pas ! hurle-t-il.

Léonard le prend par les épaules et le mène devant un tableau.

– Le *sfumato*, c'est l'art d'adoucir les contours de ton dessin. Regarde : avec mon pinceau, je superpose plusieurs couches très fines de peinture. Ce n'est pas compliqué !

Ainsi passent les semaines. Sandro travaille tant qu'à la fin de la journée, il s'écroule de fatigue. Mais il obéit sans piper mot. Au moins, il apprend son métier. Pas comme ce Giacomo qui l'a humilié le premier jour ! « Ne t'inquiète pas, lui a glissé Francesco, Giacomo est le modèle préféré de Léonard, mais il est fainéant comme une couleuvre. En plus, il se goinfre comme un cochon… » Sandro sourit. Giacomo a peu participé aux préparatifs de la fête du duc de Milan. Il ne pense qu'à croquer des bonbons à l'anis et à s'acheter de beaux vêtements !

Francesco surgit aux côtés de Sandro.

– Il est tard. On va à la taverne. Tu viens avec nous ?

Sandro relève la tête. Il était si concentré sur sa peinture qu'il n'a pas vu les heures passer. L'atelier est vide.

Il regarde son ami, un sourire en coin, et lui répond :

– Je parie que tu veux goûter à cette boisson épicée dont nous a parlé l'aubergiste Divolo l'autre jour… S'il nous voyait, le maître nous rosserait, car il ne veut pas que nous menions mauvaise vie ! Il tient à sa bonne réputation !

Francesco éclate de rire.

– Je jure sur mon honneur de ne point t'entraîner sur de mauvais chemins !

Il lui tend une clé ornée d'un ruban rouge.

– N'oublie pas de fermer l'atelier et rejoins-nous vite !

Sandro se retrouve seul. Soudain, il est pris d'une irrésistible curiosité. Francesco lui a parlé un jour d'une porte dissimulée derrière le chevalet, au fond de l'atelier : la pièce secrète du maître… Personne n'y est jamais entré. Léonard craint trop que ses apprentis ne bavardent en ville.

Sandro s'approche et tourne la poignée. La pièce est plongée dans le noir. « Il me faudrait une lampe à huile », se dit-il. Le jeune garçon ressort, furète et trouve ce qu'il cherche. Quand enfin il éclaire l'atelier secret, il pousse un cri à réveiller les morts. Au milieu de la pièce se dresse un… lion ! Après une seconde d'hésitation, il comprend qu'il s'agit d'un automate en bois ! Ses doigts caressent les fines ciselures de la crinière. L'animal n'est pas achevé. Léonard a laissé à côté des plans couverts d'explications.

Le jeune garçon poursuit son exploration. Sa lampe à huile éclaire une bibliothèque, des dessins de corps nus, un coffre rempli de ducats, des études de catapultes et de béliers, des plans de citadelles… « Léonard s'intéresse donc à la guerre ? », s'étonne Sandro. Qui sait, des troubles pourraient éclater à Milan, car le roi de France Charles VIII est entré en Italie à la tête de ses armées.

suite page 18

DANS LES ATELIERS D'ARTISTES

Au XVe siècle, les ateliers d'artistes bourdonnent d'activités diverses. Peintres, sculpteurs, graveurs et orfèvres travaillent sous le même toit.

Compagnons et apprentis

Avant de devenir un artiste aussi complet que Léonard de Vinci, de longues années d'apprentissage sont nécessaires. Au XVe siècle, les jeunes garçons entrent comme apprentis dans l'atelier d'un maître vers l'âge de 12 ans. Ils sont nourris et logés. Au bout de quelques années, ils deviennent compagnons. Les plus doués peuvent à leur tour devenir maîtres et ouvrir leur propre atelier.

Un apprentissage complet

Les apprentis apprennent diverses disciplines : la peinture, la sculpture, l'orfèvrerie, l'ébénisterie, etc. À la fin de leur apprentissage, ils savent dessiner avec différentes sortes de « crayons » : la sanguine, la pierre noire, le fusain ou le pastel.

Des productions de toutes sortes

Les artistes sont aussi des artisans. En plus de la peinture et de la sculpture, ils produisent toutes sortes d'objets : des masques, des bijoux, des costumes de théâtre…

La fabrication des pinceaux…

À l'époque, les artistes fabriquent eux-mêmes leurs propres pinceaux. Ils utilisent des soies ou des poils de différents animaux : écureuil, mangouste ou martre.

… et des couleurs

Les couleurs s'obtiennent par le broyage de diverses substances d'origine animale (insectes), végétale ou minérale, appelées « pigments ». Par exemple, le bleu et le rouge proviennent de deux roches différentes : le lapis-lazuli et le cinabre. Ces pigments, une fois réduits en poudre, sont mélangés avec de l'œuf, de l'huile de lin et de l'eau pour obtenir une pâte facile à étaler.

1
2
3

DES FÊTES SIGNÉES LÉONARD

À Milan et à Amboise, chez son ami le roi de France François Ier, Léonard organise pour les princes des fêtes somptueuses. Grâce à ses talents d'inventeur, il crée des automates fabuleux.

1. Le lion. Léonard a fabriqué plusieurs automates. Le plus connu est ce lion. Grâce à un ingénieux mécanisme, l'animal pouvait secouer la tête et la queue, ouvrir et fermer la gueule et faire une dizaine de pas !

2. Deux trappes creusées sur les flancs de l'automate laissaient apparaître rouages et engrenages.

3. Léonard de Vinci était chargé d'organiser les fêtes du duc de Milan. Il devait tout prévoir : les décors, les lumières, les danses, les musiques, les différents spectacles, le bal, le banquet… Il créait lui-même les costumes et les chorégraphies. Il éblouissait la cour par des effets spéciaux spectaculaires.

4. La grande salle du château. À Milan, les fêtes se déroulaient dans la demeure du duc de Sforza, une grande forteresse, que l'on peut toujours admirer aujourd'hui.

Tout à coup, le jeune garçon prend peur. Personne ne doit savoir qu'il est entré ici. Léonard le renverrait comme un vaurien ! D'un souffle, il éteint la lampe à huile et se glisse à l'extérieur.

En ce début d'été, la nuit est douce. Il court dans les rues tortueuses. Il ne pense plus qu'à la fête qui l'attend et ne prend pas garde à la silhouette qui se faufile derrière lui…

Quelques minutes plus tard, Francesco l'accueille à la taverne. Il est entouré d'une joyeuse bande d'étudiants.

– Le voilà ! Levons nos verres !

Tandis que Sandro commande une boisson, Francesco se penche vers son ami.

– Rends-moi la clé de l'atelier. Si Léonard savait que je te l'ai confiée, il me punirait !

Sandro tâte la poche de sa tunique. Puis celle de sa veste… Rien.

– Je l'ai perdue ! gémit-il.

CHAPITRE 3

LE CAMBRIOLAGE

Sandro n'a pas fermé l'œil de la nuit. Avec Francesco, il a parcouru mille fois le chemin entre l'atelier et la taverne, à la recherche de la clé. En vain… Les deux garçons rentrent à l'aube, la tête basse. Ils ont à peine le temps de se débarbouiller que de violents coups de poing sont frappés à leur porte.

– Dépêchez-vous ! Le duc de Milan nous rend visite !

Tout le monde en bas !

Les apprentis se bousculent dans l'escalier en criant. Avant de les rejoindre, Francesco glisse à son ami :

– Ne t'inquiète pas pour la clé. Je la ferai refaire par Niccolo, le serrurier. Personne n'en saura rien.

Dans l'atelier, les compagnons entourent le maître. Léonard a revêtu ses plus beaux atours : une tunique chamarrée, des chausses collantes de couleur vive et un pourpoint. Il s'est même parfumé et a bouclé ses cheveux au fer. Il s'incline devant Ludovic Sforza et sa

suite, composée d'une dizaine d'hommes très élégants.

– Très honoré de votre visite, Monseigneur.

Puis il attrape son luth et joue une ballade en guise de bienvenue !

Sandro est impressionné. Il se penche vers Francesco et murmure :

– Qui sont ces gens ?

– L'homme à toque rouge s'appelle Atalante Migliorotti, musicien à la cour. Il est arrivé à Milan à dos de mulet avec Léonard, il y a plus de dix ans.

Sandro montre du doigt un religieux qui se tient derrière Ludovic Sforza.

– Et lui ?

– Luca Pacioli, un mathématicien. Notre maître le connaît bien. Il passe des nuits à travailler avec lui sur un nouveau traité de mathématiques.

Le duc de Milan s'avance, le buste bombé.

– Cher Léonard, je viens m'assurer que ma fête sera la plus belle jamais donnée.

– Comment pouvez-vous en douter, Monseigneur ? Les panneaux que vous m'avez commandés sont prêts.

Le duc examine les décors chargés de guirlandes de feuillages et de fruits. Le maître a pris soin de représenter un mûrier, l'emblème du duc.

Ce dernier apprécie.

– Cela me plaît ! Mais ne me réserves-tu pas quelques surprises ?

Léonard sourit mystérieusement et acquiesce :

– J'ai prévu une pièce de théâtre, de la musique, des chants et des danses avec de fort jolis effets de lumière. Mes acteurs porteront des costumes comme vous n'en

suite page 25

LA VIE À MILAN

Léonard arrive à Milan en 1481… à dos de mulet ! Il entre aussitôt au service du puissant Ludovic Sforza, dit le More. Il y restera dix-sept ans, jusqu'en 1499.

Milan : une cité prospère

À l'époque de Léonard, l'Italie est divisée en plusieurs petits États. Le duché de Milan, situé au nord, est l'un d'eux. La ville de Milan compte alors environ 100 000 habitants. Sa richesse lui vient des manufactures de textiles et de la fabrication des armes. Les riches plaines cultivées alentour fournissent une nourriture abondante à ses habitants.

Qui est Ludovic Sforza ?

La ville est dirigée par le duc de Milan, Ludovic Sforza (1451-1508), surnommé le More. Son emblème est le mûrier, symbole de prudence. Issu d'une famille puissante, Ludovic règne sur la ville pendant plus de trente ans. Il entretient l'une des cours les plus brillantes d'Italie. De nombreux artistes, dont Léonard de Vinci et Bramante, un peintre architecte, travaillent à son service. Son château, une immense forteresse, existe toujours. Il a été transformé en musée.

Au service du duc

Durant ses années à Milan, Léonard a réalisé plusieurs chefs-d'œuvre :

– *La Vierge au rocher*. On peut admirer ce tableau au musée du Louvre, à Paris.

– *La Dame à l'hermine*. Le modèle s'appelait Cecilia Gallerani. C'était la maîtresse du duc de Milan.

– *La Cène*. Cette grande fresque représentant le dernier repas de Jésus est aujourd'hui très abîmée (voir p. 44-45).

Un grand cheval jamais terminé

Ludovic le More souhaitait faire réaliser une immense statue équestre en l'honneur de son père, Francesco Sforza. Léonard a réalisé un modèle en argile de 7,20 mètres. Mais, à cause de la guerre contre le roi de France Charles VIII, le bronze qu'on devait lui livrer sera utilisé pour fabriquer des canons. La statue ne sera jamais exécutée.

avez jamais vu. Vous ne serez pas déçu.

Le duc affiche soudain une mine sévère et demande :

– Tu m'avais promis une machine extraordinaire… Où est-elle ?

Léonard lève les yeux au ciel.

– Que vous êtes impatient, Monseigneur ! Je n'ai pas pour habitude de dévoiler mes secrets. Mais je vais faire une exception pour vous.

Le maître, suivi de ses invités, se dirige tout droit vers l'atelier secret. Il ouvre la porte…

– QUI A FAIT ÇA ?

Léonard a crié si fort que les compagnons, les apprentis, le duc et sa suite se précipitent. Un désordre affreux règne dans la pièce. Les livres de la bibliothèque ont été jetés à terre. Le coffret rempli de ducats a disparu, ainsi que tous les croquis d'armes de guerre. Le lion automate a été renversé, une de ses pattes s'est brisée.

– Oh, mon Dieu ! souffle Sandro.

Le jeune garçon regarde Francesco, affolé. Soudain, Giacomo s'avance.

– Je crois savoir qui a commis cette vilenie, Maître.

suite page 28

2
4
3

UN EXPLORATEUR DU CORPS HUMAIN

Insatiable curieux, Léonard se passionnait pour la mécanique, les lois de la physique, la chimie mais aussi... l'anatomie !

1. Une dissection. C'est à Milan, vers 1487, que Léonard a pratiqué ses premières dissections (découpes de cadavres). Jusqu'alors, l'Église catholique avait interdit la dissection des corps humains.

2. Des croquis très précis. Léonard a observé les muscles, les tendons et le squelette. Il a été le premier à dessiner de manière aussi précise les organes du corps humain. Il a même reproduit un bébé dans le ventre de sa mère !

3. Un cadavre. On pense que Léonard a participé à la dissection de plus de vingt cadavres. Ces corps étaient souvent ceux de criminels. Il a fait quelques découvertes importantes : par exemple, il a compris le rôle du cœur dans la circulation du sang.

4. Des spécialistes. Les dissections étaient pratiquées par un préparateur et un démonstrateur. On commençait par l'abdomen et le thorax, le crâne, puis, pour finir, les membres.

Léonard le toise.

– Eh bien… parle !

Giacomo pointe le doigt vers Sandro, un sourire mauvais sur les lèvres.

– C'est lui, et j'en ai la preuve !

CHAPiTRE 4

UNE GRAVE ACCUSATiON

Sandro, en pleurs, se jette aux pieds de Léonard.

– Je vous jure, Maître ! Je n'ai rien volé !

L'assistance le regarde d'un air accusateur. Giacomo exhibe une clé ornée d'un ruban rouge. Il s'adresse au maître :

– Vous la reconnaissez ? Francesco l'a confiée hier à votre nouvel apprenti. Sandro est le dernier à avoir quitté l'atelier. La porte n'a pas été forcée. Cela veut dire que le cambrioleur possédait une clé…

– Qui me dit que ce n'est pas toi qui l'as volée ? gronde Léonard. Ce ne serait pas la première fois que tu me causerais des ennuis, bon à rien !

– Maître, pourquoi, dans ce cas, vous la montrerais-je ? demande Giacomo. Hier soir, j'ai vu Sandro fermer l'atelier. Ce n'est que ce matin, en allant acheter des fruits confits, que j'ai découvert la clé par terre, près du puits…

Livide, Léonard se tourne vers Francesco. Le compagnon avoue qu'il a confié la clé à Sandro, mais il ajoute aussitôt :

– Je réponds devant Dieu de l'honnêteté de Sandro ! C'est vrai, il a perdu la clé, mais nous l'avons cherchée partout !

À ce moment, Ludovic Sforza intervient. Il désigne les deux amis.

– Faites la lumière sur cette affaire, Maître. Mes hommes ont aperçu cette nuit vos deux lascars à la taverne de l'aubergiste Divolo. C'est un endroit où pullulent les espions de Charles VIII, le roi de France !

Sur ces mots, le duc, furieux, quitte les lieux. Léonard se tient la tête entre les mains. Avec cette affaire, il risque de perdre la protection de son mécène. Pis : il craint que les plans qu'il a dressés des fortifications de la ville et les machines de guerre qu'il a imaginées pour Ludovic ne tombent entre les mains des ennemis du duché de Milan. Il se tourne vers Francesco et Sandro.

– Si vous êtes innocents, prouvez-le ! D'ici là, ouste ! Dehors !

Quelques minutes plus tard, les deux garçons se retrouvent avec leur baluchon sur le pavé.

– Qu'allons-nous devenir ? gémit Sandro.

Francesco réfléchit un instant. Puis il murmure à l'oreille de son ami :

– J'ai une idée… Suis-moi !

D'un pas rapide, Francesco s'enfonce en direction du Borghetto. Ce quartier mal famé abrite toutes les canailles de Milan. Sandro n'y a jamais mis les pieds, mais il en a souvent entendu parler. Il est inquiet.

– Où m'emmènes-tu ?

Sans répondre, Francesco tourne dans une impasse. Arrivé au bout, il pousse la porte du petit atelier de Niccolo, son ami le serrurier. Le jeune homme lève les yeux de son établi en les entendant rentrer.

– Francesco ! Quelle bonne surprise ! Mais… tu en fais, une tête !

Francesco s'installe à la table et sort une feuille de papier et un crayon à mine de plomb. Il croque rapidement un visage. Bientôt, Sandro reconnaît le visage de Giacomo. Son ami le tend au serrurier et lui demande :

– As-tu vu ce garçon traîner dans le quartier ?

Niccolo examine le dessin avec attention.

– Pour sûr ! Je l'ai aperçu très tôt ce matin même, avec un étranger. Un gentilhomme de la Cour de France, je crois…

Francesco hoche la tête.

– Comment sais-tu qu'il était français ?

Niccolo réfléchit.

– Ma foi, je n'en suis pas sûr. Mais il avait la barbe comme les Français et ne portait pas de turban à la mode italienne. J'ai remarqué aussi qu'il avait une grosse cicatrice près de l'œil droit.

– C'est bien ce que je pensais…, murmure Francesco.

Sandro ne comprend rien. Il presse son ami de lui expliquer.

suite page 36

LA JOCONDE À LA LOUPE

La Joconde, peinte à partir de 1503, est le tableau le plus connu de Léonard de Vinci. On peut l'admirer au Louvre.

Le tableau mesure 79,4 cm sur 53,3 cm.

Un modèle enfin identifié

On a tout imaginé sur ce portrait : « C'est Léonard de Vinci lui-même » ; « C'est une prostituée » ; « Ce n'est pas la femme d'un riche marchand, car elle ne porte pas de bijoux »... L'analyse numérique a permis de repérer un détail invisible à l'œil nu : la broderie d'un corsage, vêtement porté à l'époque par les jeunes ou futures mamans. On en est certain aujourd'hui : Lisa Gherardini, épouse de Francesco del Giocondo, mère de trois enfants, est bien la femme qui a inspiré Léonard.

Des couleurs d'origine plus vives

Aujourd'hui, *La Joconde* paraît bien sombre. Il n'en a pas toujours été ainsi. Des scientifiques ont prouvé que Léonard utilisait du rouge vermillon, du bleu, du jaune... Les différentes couches de vernis ont terni le tableau.

Un mystérieux paysage

Nul ne sait où se trouvent ces montagnes visibles derrière *La Joconde*. Sur d'autres dessins, Léonard peignait pourtant avec précision des détails de régions où il vivait. Peut-être s'agit-il là d'un paysage imaginaire.

Un support de bois

Léonard a peint sur un panneau en bois de peuplier. On sait qu'il a été découpé au cœur de l'arbre. Les conservateurs le surveillent de près, car une fissure et un gondolement le fragilisent.

Un tableau pour la maison

La Joconde n'est ni une peinture murale destinée à un palais ou à une église, ni une toile. Il est impossible de la rouler. Elle était faite pour décorer un salon ou une chambre, ce qui était encore assez rare à l'époque.

– Tu sais comme Giacomo aime les beaux vêtements et comme il est gourmand, n'est-ce pas ? dit Francesco. Il a tout le temps besoin d'argent ! Hier soir, il t'a suivi. Il a trouvé la clé et a organisé ce cambriolage.

Sandro ouvre des yeux ronds.

– Oh, Francesco ! Je ne peux croire qu'il ait pu trahir ainsi notre maître !

– C'est ce que nous allons voir…, murmure Francesco.

CHAPITRE 5

LES FAUX MOINES

Deux heures plus tard, Sandro, Francesco et Niccolo, déguisés en moines, arrivent près de l'atelier de Léonard. En cette fin de matinée, le marché bat son plein. Les rues grouillent d'artisans, de marchands et de domestiques. Personne ne fait attention aux trois garçons. Ils se faufilent vers la galerie qui borde la place et se postent derrière une colonne. Francesco se tourne vers Niccolo.

Pour la dixième fois, il lui explique son plan :

– Giacomo sort vers midi faire des courses pour notre maître. Les autres apprentis sortent déjeuner. Cela te laisse assez de temps pour…

Niccolo l'interrompt :

– J'ai compris ! J'entre dans l'atelier par la porte arrière. Je monte au premier étage. La chambre de Giacomo se trouve à gauche. Une fois à l'intérieur, je fouille dans ses affaires…

– Exactement ! Pendant ce temps, Sandro et moi, on suit Giacomo.

Soudain, Sandro donne un coup de coude à Francesco. Il murmure :

– Le voilà !

À quelques mètres devant eux, le bel adolescent s'éloigne d'un pas alerte. Il tient sous son bras un long rouleau. Niccolo tapote le bras de Francesco.

– J'y vais ! Bonne chance !

Niccolo parti, Sandro et Francesco emboîtent le pas à Giacomo. Les deux garçons se tiennent à distance. Le jeune homme semble se méfier. Il lance sans cesse des regards à droite et à gauche. Arrivé sur la grand-place, Giacomo s'arrête. Sandro et Francesco, postés au coin de la place, l'observent.

– On dirait qu'il attend quelqu'un…, murmure Sandro, les yeux écarquillés.

Soudain, un homme de haute taille fend la foule. Il se dirige droit vers l'apprenti.

Sandro se retient de crier.

– Oh ! L'homme à la cicatrice ! souffle-t-il.

Le Français et Giacomo se saluent. Une discussion animée s'engage entre eux.

– Tiens-toi prêt, Sandro, murmure Francesco. Je crois que les documents secrets de Léonard se trouvent dans le rouleau de Giacomo… Il négocie un prix…

Sandro trépigne.

– Il faut l'empêcher !

À ce moment, Francesco remarque dans la foule un homme qui observe la scène. Est-ce un espion ? Francesco n'a pas le temps d'y réfléchir : Sandro, n'y tenant plus, s'est élancé. Il bouscule Giacomo, lui arrache le rouleau et s'enfuit à toutes jambes. Aussitôt, Francesco se jette sur le Français, qui se dégage d'un coup d'épaule et disparaît parmi les badauds. Alors que Francesco veut le poursuivre, l'homme qu'il a remarqué quelques instants plus tôt s'interpose.

– Je m'en occupe ! Va rejoindre ton ami !

Francesco ne comprend rien, mais il obéit. Quelques minutes plus tard, il arrive devant l'atelier du maître. Un attroupement s'est formé devant la porte. Que se passe-t-il encore ? Les apprentis entourent Sandro et Niccolo.

suite page 42

LES GUERRES D'ITALIE

En 1494 et 1499, le roi de France attaque le nord de l'Italie. Léonard est obligé de fuir le duché de Milan.

Un pays divisé

À l'époque de Léonard, l'Italie n'est pas un pays unifié. Elle est constituée de plusieurs petits États indépendants : le duché de Milan, le royaume de Naples, les républiques de Venise et de Florence…

Charles VIII, roi de Naples

Les États italiens sont riches et attirent la convoitise de la France et de l'Espagne. Le roi de France Charles VIII est le premier à attaquer. En février 1495, il conquiert le royaume de Naples et se fait couronner roi. Pas pour longtemps : le duc de Milan, le pape et le roi d'Espagne s'associent pour le chasser du trône dès juillet 1495.

La chute de Ludovic Sforza

Louis XII succède à Charles VIII. Le nouveau roi de France reprend la bataille. En septembre 1499, les Français envahissent le duché de Milan. Ludovic Sforza est obligé de fuir en Allemagne avec sa famille. Naples repasse sous la coupe des Français en 1501.

L'exil de Léonard

À son tour, Léonard prend le chemin de l'exil. Il entreprend un long voyage qui le mène à Mantoue, Venise, Florence, Rome… En 1516, il finit par accepter l'invitation de François Ier, le nouveau roi de France, à le rejoindre à Amboise. C'est là qu'il meurt, en mai 1519.

Des guerres interminables

Les guerres d'Italie se prolongent bien après la mort de Léonard. Car la France et l'Espagne continuent de se battre pour la domination de l'Italie… C'est finalement l'Espagne qui l'emporte. Les conflits cessent en 1559 avec la signature d'un traité de paix.

Léonard se tient sur le seuil.

– Maî… Maître, halète Sandro, encore essoufflé par sa course, je crois que nous avons retrouvé vos plans et vos documents…

Le maître saisit le rouleau. D'un coup d'œil, il reconnaît ses redoutables machines de guerre et les plans de la citadelle de Milan. À son tour, Niccolo s'avance. Il tient dans ses mains un coffret rempli de pièces.

– J'ai trouvé ce trésor dans la chambre de Giacomo…

Léonard, soudain, a l'air très triste. Il attrape Sandro par les épaules.

– Je t'ai soupçonné à tort, mon garçon. J'espère que tu me pardonneras…

Ému, Sandro est incapable de parler. Francesco s'approche.

– Maître, vous ne savez pas tout…

Un grand fracas l'interrompt soudain. Le carrosse du duc de Milan vient de surgir au coin de la rue. Ludovic en sort, accompagné du Français, de Giacomo et d'un troisième homme. Francesco le reconnaît aussitôt.

– Léonard, dit le duc, l'un de mes espions a surpris

ton protégé en train de vendre tes documents. Il peut témoigner que Sandro et Francesco sont innocents.

– Je le sais, soupire Léonard. Me gardez-vous votre confiance, Monseigneur ?

– Je vais faire encore mieux, sourit le duc. Termine vite les préparatifs de ma fête : je veux te commander une grande fresque pour le couvent. Elle représentera la Cène.

Léonard s'incline et se penche vers Sandro et Francesco, mi-sérieux, mi-amusé.

– Voudrez-vous bien m'aider ?

– Quelle question, Maître ! s'exclament en chœur les deux amis.

2
3
1
5

LA CÈNE : UN CHEF-D'ŒUVRE

Cette célèbre fresque murale représente le dernier repas du Christ avec les douze apôtres. Léonard a passé quatre ans de sa vie à la peindre, de 1494 à 1498.

1. Le couvent des frères dominicains de Sainte-Marie-des-Grâces. *La Cène* se trouve dans le réfectoire.

2. Une grande fresque. *La Cène* a des dimensions impressionnantes : 4,60 mètres de haut sur 8,80 mètres de large.

3. Une géométrie pensée. Léonard a fait en sorte que Jésus, le personnage principal, se trouve au centre de la table et du tableau. Ainsi, le regard du spectateur se pose tout de suite sur lui.

4. Les apôtres. Les douze apôtres assis autour de lui sont les compagnons de Jésus. Ils sont parmi les premiers à avoir cru en lui.

5. Un moine. Depuis le Moyen Âge, il était de tradition de peindre le dernier repas du Christ dans les réfectoires des monastères. Ainsi, les moines pouvaient l'admirer pendant leurs propres repas.

6. Un apprenti. Il prépare les couleurs pour le maître.

La Cène aujourd'hui.

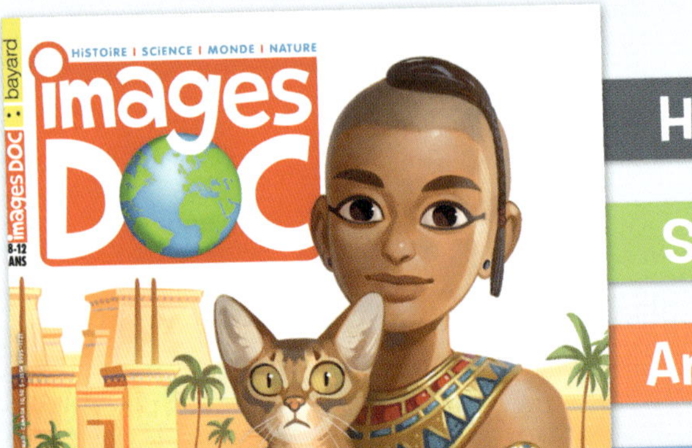
HISTOIRE | SCIENCE | MONDE | NATURE
images DOC
8-12 ANS
bayard
HISTOIRE
Toutânkhamon l'enfant pharaon
L'ANIMAL
Dans la peau de l'hippo
N°363 - mars 2019

Retrouve Images Doc en librairie !

LES ENCYCLOPÉDIES

Pour découvrir l'Histoire et ceux qui l'ont faite

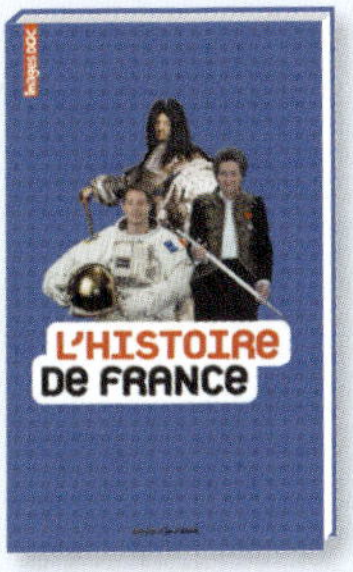

184 pages • 14,90 €

LES BD

Pour voyager au cœur de l'histoire des hommes

330/400 pages • 24,90 €

100 pages • 13,90 €

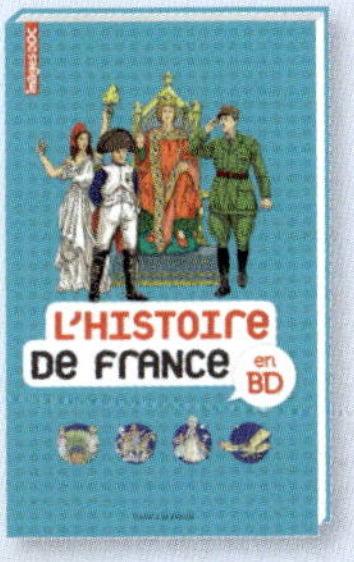

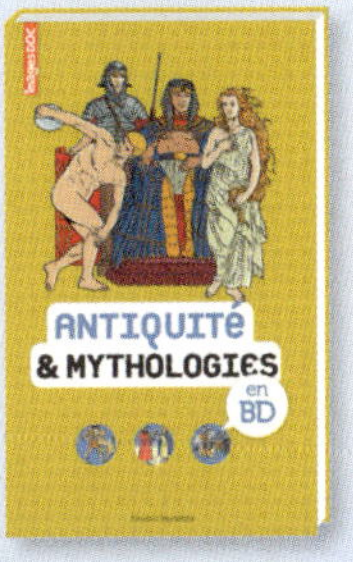

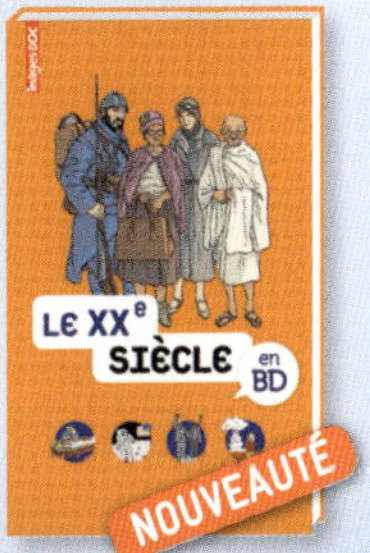

200 pages • 19,90 €

bayard

DANS LA MÊME COLLECTION

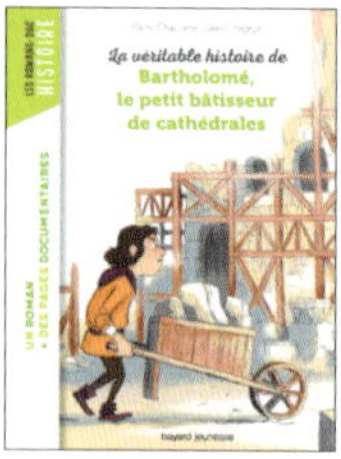

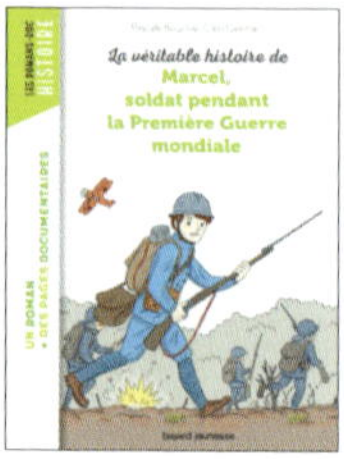

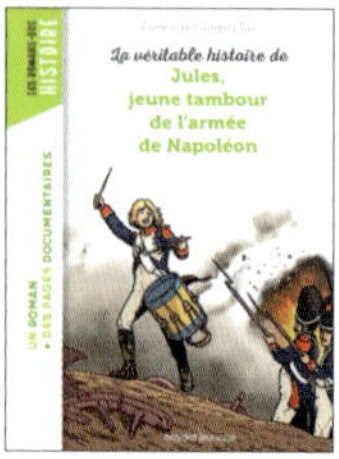

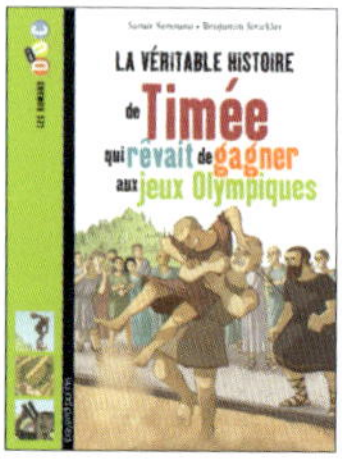

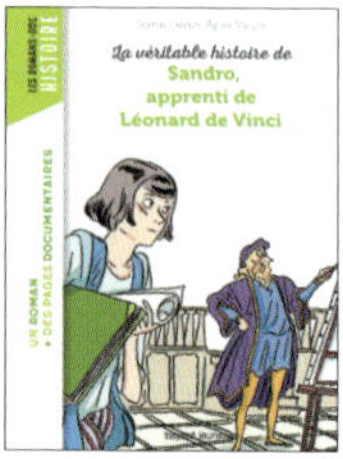

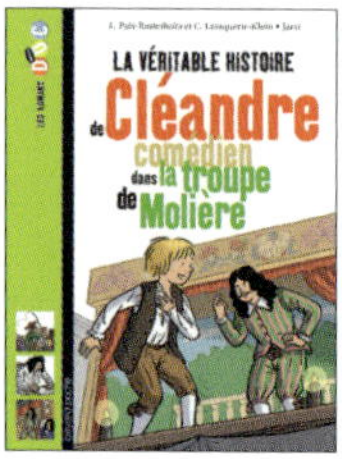